DES MONTS

démons

Des monts

démons

Tess Bertrand

FSC
www.fsc.org
MIXTE
Papier issu
de sources
responsables
Paper from
responsible sources
FSC® C105338

Édition : BoD – Books on Demand,
info@bod.fr
Impression : BoD – Books on Demand,
In de Tarpen 42, Norderstedt (Allemagne)
Impression à la demande

Illustrations et textes : Tess Bertrand

ISBN : 978-2-3224-4092-4
Dépôt légal : juillet 2022

À tous les balais cassés du monde,
vous finirez bien par trouver
le manche qu'il vous faut un jour.

À toutes les salades non mangées,
ce n'est pas grave si quelqu'un ne vous aime pas,
d'autres décupleront leurs sentiments pour vous.

Sommaire

Postulat

je jette dans les mots

toute ma détresse

toute ma noirceur

pour renaître avec

le sourire aux lèvres

tous ceux qui nous aiment

finissent par nous quitter

ce que j'écris n'est ni heureux ni joyeux

c'est empli de pleurs et de malheurs

mais c'est là mon exutoire pour enfin concevoir

la paix et la sérénité

toutes mes émotions

couchées sur le papier

et mon cœur enfin libéré

mon esprit s'encombre

de mille pensées

pour parfaire des moments passés

qui pourtant ne se reproduiront jamais

c'est un océan

en proie aux tourments

qui s'agite en moi

et laisse filer

quelques notes salées

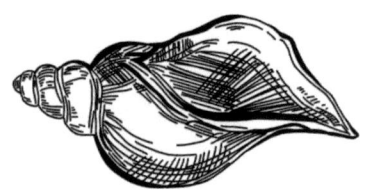

parfois, je ne pleure pas

parce que je n'y arrive pas.

alors j'écris, je laisse les mots

faire tout le sale boulot

et tant pis si c'est dur

dans le sous-entendu

se cache

tout ce que j'aimerais dire

explicitement

mais qui ne sort pas

qui ne trouve pas sa place

alors je leur offre

tout cet espace

implicitement

je ne sais peut-être pas parler

mais je sais nager

et je vogue alors

dans un océan de mots

non rassurez-vous

je ne bois pas la tasse

je fais juste mes longueurs

dans un crawl symétrique

une respiration synchronique

mes coups de pied

mes coups de poing

ensemble alignent

les phrases qui enfin

s'expriment

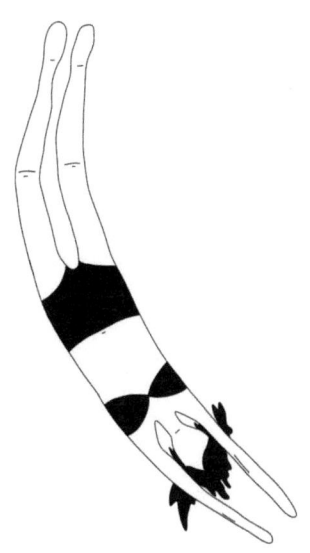

il n'y a rien de plus beau

que l'apophtegme

de celui qui livre

ses maux

aujourd'hui je vous livre

non pas mes plus profondes pensées

car celles-ci sont chaotiques

et pas toujours poétiques

un jour viendra

où je vous dirai tout

ce n'est juste

pas aujourd'hui

il n'y a rien de plus brutal

que de réaliser son fantasme

et de voir alors

que le rêve était mieux

un recueil de poèmes

est pour moi

comme un ouvre rage

je scribouille

tu scribouilles

elle scribouille

un bien joli verbe

pour une si dure définition

qui pourtant s'applique

à la perfection

vous croyez tout savoir

en un simple regard

mais vous êtes aveugles

pas d'C♡EUR

pas d'pleURS

Tout est aussi brouillon

Qu'un tourbillon

pardonne-moi

mon Amour

pour tout ce que j'ai pu faire

et tout ce que je n'ai pas fait

je ne demandais

qu'un sourire.

mais c'est le néant

qui me prit dans ses bras.

la colère n'est pas une émotion

c'est un état d'esprit

la tristesse en revanche

fait partie de nos vies

c'est pourquoi il faut

faire une place à l'ivresse

sans cet équilibre

l'abîme s'éprend de nous

et sa noirceur est si profonde

qu'il parait alors impossible

d'y faire pénétrer

un peu de lumière

on se dit toujours trop tard

qu'on aurait pu faire mieux

qu'on aurait dû faire mieux

tout écrire

rire de tout

quelques ingrédients

pour enfin sourire

mes passions

ne sont pas faites pour devenir

des obligations

oh vous êtes tombés ?

d é s o l é e

il fallait regarder

où vous marchiez

ils sont si sales

cachés sous leurs avanies

si bêtes en plus

de ne pas voir

tous les lambeaux d'envie

qui tombent de leur peau flétrie

soyez heureux

avant d'être envieux

sauter dans le vide

sans savoir si l'élastique

saura retenir

tous nos sentiments

c'est comme ça le monde

on construit nos succès

sur les échecs des autres

et il ne faut pas s'en vouloir

au risque de ne plus vivre

tu lis mal l'heure

à cause de tes pleurs

j'écris malheur

sur mon majeur

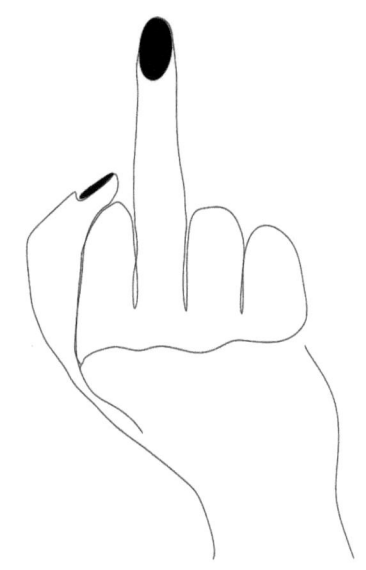

l'univers est peuplé de tant

d'étoiles qui ont été aimées

vous devriez apprendre à rire

avant d'écrire,

à rêver

au lieu de compter,

vivez bon sang

vivez

vous serez poussiéreux

bien plus vite que prestigieux

alors merde

gravir les monts

pour se relever

et pour retomber

on m'a dit un jour

le sourire est contagieux

pourquoi alors

personne n'est malade ?

Amertume

à toi qui cherches à me blesser

je voudrais aujourd'hui te dire

m e r c i

car se sont tes mots plein d'amertume

faits pour nous diviser

qui ont consolidé notre affection

pendant que tu te flétris

ressassant tous les actes à entreprendre

pour nuire et nuire encore

nous festoyons ensemble

crois-moi, mon cher,

crois-moi

la seule porte qui un jour s'ouvrira

face à tes mensonges et ta déloyauté

ne sera pas celle d'un monde lumineux

au contraire même

seule l'**obscurité** te tendra la main

le plus bel habit de l'enfer n'est autre

qu'un radieux sourire

tu peux continuer

à calomnier

à injurier

toi seul t'épuises

car tes courriers alimentent

ma belle cheminée

et rendent chaleureux

tout mon foyer

et si un jour tu t'en veux,

sache que mon pardon est inabordable.

tu sais pourquoi ?

car ce n'est pas un canot de sauvetage.

c'est un bateau pirate.

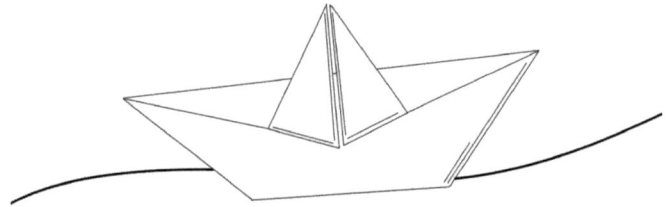

le soleil est mon allié

et tu brûleras bien avant moi

mais ne t'en fais pas

j'aurai mes lunettes teintées

pour admirer tes cendres

encore fumantes

tu as vendu ton âme au diable

et celui-ci l'a déjà digérée

si je dois te retrouver en enfer

sache que je serai

le démon de ta tourmente

je ne te hais pas

c'est promis

j'ai trop d'estime pour mon cœur

et celui-ci n'a de place que pour la douceur

Tu n'as pas d'h♥nneur

Je n'ai pas de peur

je t'ai laissé parler

je t'ai laissé bafouer

et tu as réussi à atteindre

les plus sensibles d'entre nous

seulement n'oublie pas :

jamais tu ne pourras

nous diviser, nous écraser

ce n'est pas l'union qui fait la force.

c'est l'élément perturbateur qui cherche à briser les choses.

le joli cygne est finalement devenu

l'affreux et vilain connard

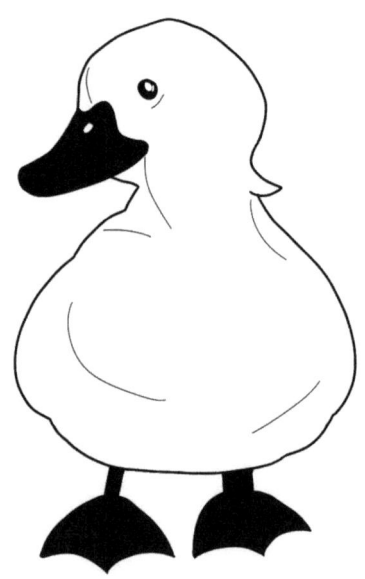

pendant que tu réfléchis à ta vengeance

je dors en paix

et surtout bien entourée

si tes mots sont épointés

mes épines sont acérées

alors prends garde surtout

à ne pas te blesser

un revers est si vite arrivé…

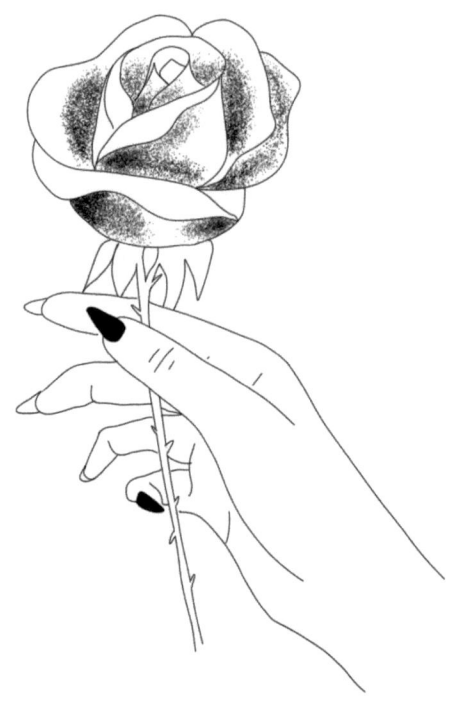

c'est le diable lui-même

qui se chargera de ma vengeance

moi j'ai la flemme

c'est toujours plus facile

de cracher sur ceux

qui ne sont plus là pour se défendre

mais il y aura toujours

des soldats pour fleurir leurs tombes

et répliquer aux insultes

prends garde l'ami

au terrible coup de fusil

qui un jour te ciblera

et te transpercera

L'amour demande beaucoup plus de force que la haine. Ne m'en veux pas, mais je garde mes réserves pour ceux qui méritent que je m'épuise.

c'est mon sourire qui sera

ce plus beau des mépris

tu te rappelles de mon prénom ?

voilà ce qu'il te dit :

je suis née avec paresse

et sans la moindre délicatesse

je me comporte comme une duchesse

tout en rêvant de richesse

je suis pour sûr une diablesse

mais au moins je ne suis pas une traitresse

tu mens comme un arracheur de dents

ou devrais-je dire

comme un arracheur dedans

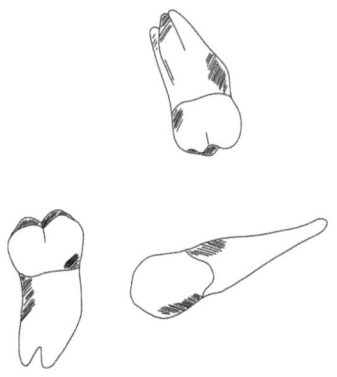

une femme en colère est toujours plus forte

qu'un idiot armé

aujourd'hui je vais bien

et même si tes mots

me brûlent la peau

et abîment mon cœur

ils sont comparables aux orages :

fulminants mais éphémères

le soleil chasse toujours

les nuages et la pluie

car jamais le vent

ne faiblit face à l'ennemi

j'ai dompté les démons

en parcourant des monts

pour que chaque pavé de l'enfer

te rappelle ma colère

que tu perdes ou que tu gagnes

cela m'importe peu

car jamais tu ne seras

aussi riche d'émotions

que ne l'est

une jeune femme pleine de vie

le malin serpent

t'observe et t'attend

dans mon cœur

la pluie a cessé

et c'est un dangereux soleil

qui a pris sa place

à Dieu tu devrais adresser

tous tes rêves, tes prières

lorsque moi je te dis

adieu

Prospective

j'ai honte

de ce que nous sommes

devenus

devant mes yeux brûle

un incendie silencieux

qui pourtant essaie de hurler

je vois ce monde

qui ne tourne plus

et qui étouffe lentement

je vois notre impuissance

à changer les choses

face aux plus grands

je vois la nature

pousser ses derniers cris

et que personne n'entend

je vois la fin

inévitable

qui me terrifie

dans chacune de leurs paroles

j'entends le sexisme

et le patriarcat

quand bien même ils ne sont

que de doux agneaux

prêts à apprendre

et se déconstruire

j'aimerais offrir un futur

à tous ceux qui viendront après

mais le passé a décimé tous les espoirs

d'un monde agréable

que faire pour qu'un jour

ce patriarcat

finisse sincèrement

par se casser la gueule ?

les fautifs sont toujours les mêmes

et leur pronom

reste le même

je ne pensais pas qu'il était encore possible

de faire machine arrière

mais puisqu'ils savent le faire

pour des droits fondamentaux

contre la liberté des unes

pourquoi ne le font-ils pas

pour aider la planète

à reprendre sa respiration ?

je hurle en silence
je fais taire mes larmes
face à l'agonie
d'un si bel astre

chaque jour je trouve

de nouvelles raisons

de ne rien vous confier

ni mon cœur

ni mes pensées

et surtout pas

ma liberté

seuls les ouragans

les tempêtes

les cyclones

viendront peut-être à bout

de ce monde devenu fou

on rejette trop facilement

la faute sur la guerre

pour s'excuser des torts

qui touchent la planète

sans jamais vouloir

se remettre en question

et chercher plus près

la vraie raison

on vit dans une société

où tout devient déchet

surtout les filles

de plus de vingt ans

regardez la télé

et vous comprendrez

à quel âge se termine la jeunesse ?

(vous avez quatre heures)

y a t-il une date butoir

pour réaliser ses rêves

pour tout plaquer

et tout refaire ?

j'aime beaucoup le soir

une fois dans mon lit

à l'approche du sommeil

réinventer ma vie

j'ai souvent l'impression

d'avoir perdu mon temps

toutes ces études

si éloignées

de tous ceux qui comptent

pendant tant d'années

peut-on remonter le temps ?

juste un peu

s'il vous plaît

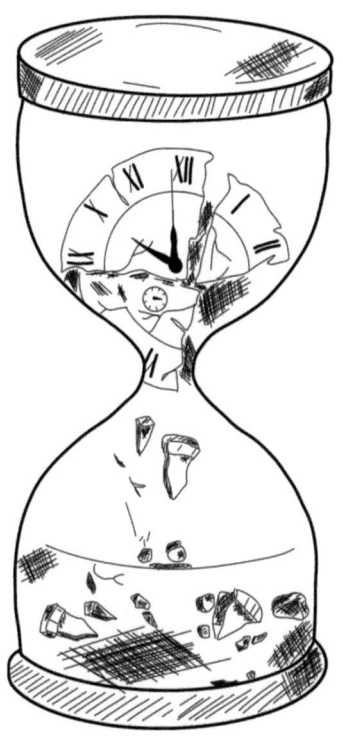

trop souvent vous râlez

de cette jeunesse ébranlée

sans vous dire peut-être

que vous nous avez fait naître

le respect ne se mérite pas avec l'âge

il se mérite avec le cœur

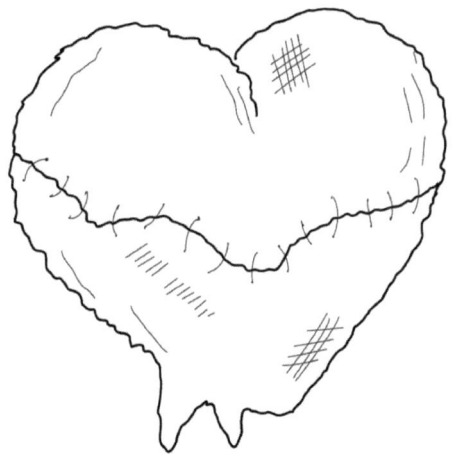

chaque génération est la pire

d'après vos dires

pourtant ce que je vois

c'est un peuple en émoi

je suis désolée de vous paraître impolie

mais passez donc la porte

pour connaître ma vie

cet affreux poison

qui perdure dans le temps

et tache tout ce qu'il touche

ne semble pas vouloir

enfin s'en aller

l'âge apporte la connaissance

mais certainement pas l'intelligence

je ne suis pas gentille,

parait-il

seulement j'ai appris

et un peu trop souvent

que ce n'est pas l'amabilité

qui m'apportera la paix

derrière mes mots acerbes

se cache en vérité

une sourde douleur

qui en a assez

de se dissimuler

Plus ♡n vieillit

Plus ♡n est c♡n

N♡n ?

j'aimerais m'allonger

sous un ciel étoilé

main dans la main

avec celui qui

finalement comprendrait

c'était mieux avant

oui, mais quel avant ?

tout est gris

gris bouillie
cette terre asséchée
gribouillis
sur les murs de béton

QUE C'EST bEAU

L'INN♡CENCE d'UNE Ad♡

qu'est-ce que tu veux faire plus tard ?

cette phrase si anodine

prononcée chaque année

au cours de notre scolarité

nous empêche finalement

de profiter

> Qu'est-ce que tu veux faire plus tard ?

> Pense à ton avenir

> Il y a un temps pour toi. Maintenant il faut travailler

> Tu n'es plus une enfant

et si,

en fait,

on laissait les enfants

être des enfants

et les ados

être des ados

si on leur laissait

leur insouciance

leur innocence

si on leur disait

de s'amuser

de rigoler

car le temps passe trop vite

et la mélancolie

prend alors vie

j'ai peur du temps qui passe

je vois mes amis

se marier, donner la vie

je vois mes proches

doucement sonner la cloche

et je reste en retrait

cherchant la bonne clé

pour qu'enfin je vive

à mon tour cette idylle

celle de l'amour

qui chavire les sourires

on se blinde de souvenirs

mais ce n'est pas pour autant

qu'on forme une armure

assez forte pour nous protéger

de tous les coups bas

qu'aime faire la vie

la société nous pousse

à vieillir plus vite

pour nous reprocher ensuite

d'avoir grandi

les physiciens ne sont pas très bons

ils n'ont pas vu que la Terre

ne tournait plus rond

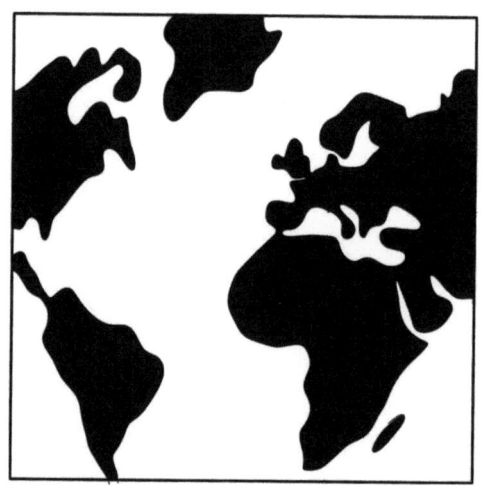

Asthénie

parfois je voudrais simplement

partir loin d'ici

et observer le ciel

une nuit de pleine lune

je n'abrite plus la fatigue en moi

c'est elle qui avance, me portant sur son dos

t'es trop maigre
t'es trop pâle

oui **je sais**
mais si tu veux m'aider
prends mes blocages
mes craintes
mes histoires
et nous verrons ainsi
quelle sera ta silhouette
lorsqu'elle croulera
sous tout ce poids

il y a tant de souffrance

ou de je m'en foutisme

dans tous ces *regards*

que je ne fais que croiser

j'ai choisi de ne pas travailler

avec des humains

mais ce sont leurs émotions

qui me tendent la main

rester digne, rester forte,

parfois je ne sais plus

parfois j'aimerais changer de métier

et oublier toutes mes responsabilités

je voudrais un jour

dormir paisiblement

oublier mes tracas

et vivre d'eau fraiche

après tout

je n'aime pas le vin

j'avais des rêves plein la tête

une vague idée de liberté

je n'attendais que mon diplôme

pour quitter l'université

mais si j'avais su putain

j'aurais redoublé

mon visage reflète

chacune de mes émotions

et pourtant mon sourire

opacifie tout le reste

si bien qu'en fait

personne ne sait

quand ça ne va plus

j'ai toujours aimé l'école

mais je déteste le travail

peut-être devrais-je

tout plaquer et faire prof

la nuit je m'évade

et chaque matin je me souviens

des meilleures brides de mes rêves

vivre d'humour et de fresques

voilà ce à quoi j'aspire

les jambes lourdes

l'esprit emmêlé

je me couche

pour ne jamais dormir

comprimés,

vitamines,

sirops,

gummies,

jamais ne s'arrête

le tango languissant

des compléments alimentaires

qui maintiennent mon corps

encore un peu coloré

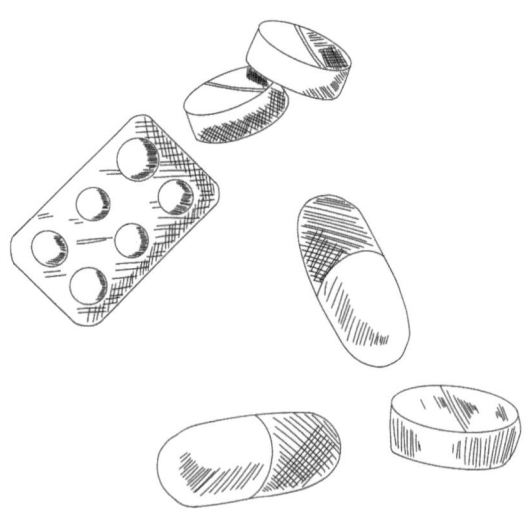

dans ma tête se dispute

un incroyable match

entre la persévérance

et le burn out

lâche prise

qu'ils me disent
après m'avoir assailli
de mille demandes

trop fatiguée pour se lever

trop fatiguée pour se coucher

les yeux grands ouverts

j'observe la lune

qui continue son chemin

pourquoi ne veut-elle pas

me laisser dormir ?

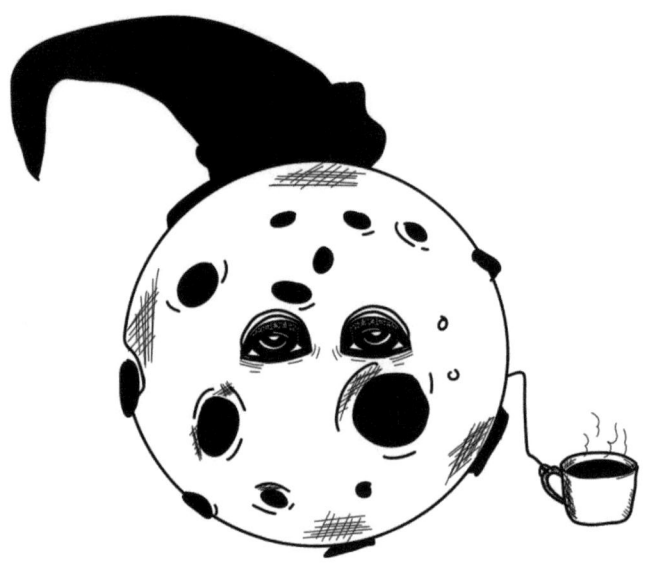

Ce n'est pas grave

Si parf♡is

Tu prends le temps

De te relaxer

mon cerveau tourne en boucle

et mon corps s'épuise

quand finiront-ils

par se mettre d'accord

sur la marche à suivre ?

ce sont les petits mots

qui font les plus grosses emmerdes

apprends à te taire

pour connaitre la paix

si tu ne veux pas voir la fatigue

qui s'installe

n'achète pas de miroir

seule

sur une île déserte

entourée de vagues

qui balaient les ombres

de mon esprit essoufflé

écoute ton corps

plutôt que l'avis

de celui qui

ne fait pas d'effort

il est très bien comme il est

jamais il ne pourra ressembler

à une image photoshopée

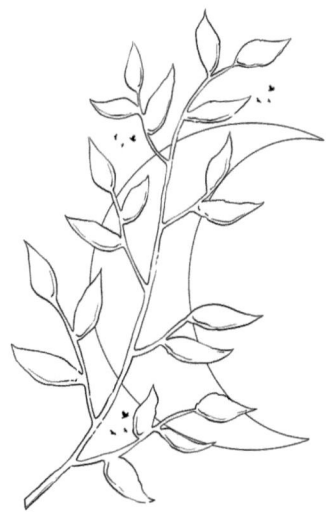

le corps de vingt ans

l'esprit de trente ans

les rêves de dix ans

la fatigue de cent ans

je suis fatiguée

voilà c'est tout

Remerciements

Je me souviens des remerciements que j'ai dû écrire en 2021 pour conclure ma thèse et c'était déjà un véritable casse-tête. Et encore, certaines lignes étaient dictées par la fac. Ici, j'ai tout un monde à qui dire merci, parfois même pour de petites choses. Je vais donc essayer d'aller au plus simple et de ne pas en faire un long roman (après tout, si vous vous cherchez dans ce chapitre, vous allez devoir lire chaque phrase pour être absolument certains de ne pas rater le graal que vous attendez).

Dans un premier temps, il est normal de gratifier ceux qui inspirent mes émotions au quotidien. Que ce soit de l'amour ou de la haine, ce sont les sentiments que je vous porte (et j'imagine que c'est réciproque) qui dictent mon inspiration. Mais je ne suis pas une fille très généreuse, vous l'avez vu à travers ces pages, donc je me bornerai à remercier avec un immense bisou toute ma famille. Celle qui me soutient quoi qu'il arrive, que je peux appeler à n'importe quelle heure, qui traversera la France et le Monde pour moi. Que vous soyez encore là ou non, je sais que notre amour est éternel. Un deuxième énorme bisou tout spécial pour ma maman, que j'enquiquine à longueur de temps mais qui sera toujours là pour m'écouter râler.

Je voudrais ensuite chaleureusement remercier mon amie Pauline qui m'a écoutée défendre et descendre mes textes pendant des heures entières (heures pendant lesquelles je râlais contre la salade dans mon burger). Elle n'a pas toujours confiance en elle et pourtant, c'est une étoile. Si un jour vous la croisez, dites-le-lui vous aussi.

D'autres grands mercis aux copines de Bookstagram, qui me soutiennent et qui me manquent entre les différents salons. Vous êtes toujours partantes pour me faire rire avec vos tentatives photographiques, les partages des publicités inappropriées (et des comptes Instagram qui se servent des livres d'une bien étrange manière), les débats sur les dramas hebdomadaires et surtout, surtout, les lectures communes qui ne fonctionnent jamais. Merci donc prioritairement à Sabrina, Marilyn, Claire, Céline, Laura, Maud, Calypso.

Que seraient les remerciements sans parler de toute ma tribu à quatre pattes. Ils sont déjà tous présents sur la dernière page de ma thèse, mais ils ont le droit d'être là, encore une fois. Junior, Titus, Tina, Founie, Sotys : vous n'êtes plus là aujourd'hui mais je vous le jure, je ne vous oublie pas et vous aime tous les jours autant qu'hier. Comtesse, Ilassett, Atom, vous êtes trois boucans mais la vie ne serait vraiment pas aussi colorée sans vous.

Merci à vous, lecteurs. J'espère que vous n'avez pas été trop déçus et que certaines de mes phrases auront su attiser votre sourire. N'oubliez pas que celui-ci est la meilleure arme.

Merci enfin à mon cher iPad pour avoir accepté de surchauffer pendant mes heures de dessin, mon MacBook de se voir allumé puis éteint à longueur de temps dès que j'ai quelque chose à rajouter dans les manuscrits. Vous êtes formidables, ne changez rien (et ne vous cassez pas svp, vous coûtez quand même un rein).